3 1994 01159 2240

SANTA ANA PUBLIC LIBRARY

¡V E O, V E O!

En la playa

Karen Bryant-Mole

J SP 796.083 BRY
Bryant-Mole, Karen.
En la playa
        31994011592240

Heinemann Library
Des Plaines, Illinois

1999 Reed Educational & Professional Publishing
Published by Heinemann Library,
an imprint of Reed Educational & Professional Publishing,
1350 East Touhy Avenue, Suite 240 West
Des Plaines, IL 60018

Customer Service 1-888-454-2279

All rights reserved. No part of this publication may be reproduced or transmitted in any form or by any means, electronic or mechanical, including photocopying, recording, taping, or any information storage and retrieval system, without permission in writing from the publisher.

©BryantMole Books 1997

Designed by Jean Wheeler
Commissioned photography by Zul Mukhida

Printed in Hong Kong / China

03 02 01 00 99
10 9 8 7 6 5 4 3 2 1

Library of Congress Cataloging-in-Publication Data

Bryant-Mole, Karen.
    [At the beach. Spanish]
    En la playa / Karen Bryant-Mole.
       p.   cm. -- (Veo, veo!)
    Includes index.
    Summary: Spanish text and pictures feature many things and
activities found at the beach, including animals, swimming, safe
enjoyment of the sun, sports, plants, and more.
    ISBN 1-57572-904-0 (lib. bdg.)
    1. Beaches--Recreational use Juvenile literature. 2. Outdoor
recreation Juvenile literature. 3. Seashore--Recreational use
Juvenile literature. [1. Beaches. 2. Spanish language materials.]
I. Title. II. Series: Bryant-Mole, Karen. Picture this! Spanish.
[GV191.62.B7918 1999]
796'.083--dc21
                                     99-13499
                                       CIP

Acknowledgments
The Publishers would like to thank the following for permission to reproduce photographs. Bruce Coleman; 4 (right) and 20 (left) Charles & Sandra Hood, 5 (left) Harald Lange, 17 (right) Janos Jurka, 21 (left) N. Schwirtz, 21 (right) Allan G. Potts, Positive Images; 8 (both), 13 (left), 16 (left), Tony Stone Images; 4 (left) Mike Smith, 12 (left) Lori Adamski Peek, 12 (right) Claudia Kunin, 16 (right) Darrell Wong, 20 (right) Darryl Torckler, Zefa; 5 (right), 9 (both), 13 (right), 17 (left).

Every effort has been made to contact copyright holders of any material reproduced in this book. Any omissions will be rectified in subsequent printings if notice is given to the Publisher.

Encontrás unas palabras en negrita, **asi**. El glosario te da su significado.

Contenido

Animales

Muchos animales viven en la **playa** y en el mar.

Nadar en el mar

Es divertido nadar en el mar.

Con las aletas
nadas más rápido.

Con una **careta** y un **tubo** ves
y respiras cuando estás debajo
del agua.

No te quemes

Es importante **protegernos** de los rayos solares.

Así nos protegemos del sol.

Conchas

A veces hay conchas
en la playa.

En estas conchas antes
vivían animales **marinos.**

¡Diviértete!

¡Qué divertido jugar en la playa!

¿Te gustaría
jugar así?

Para inflar

Tenemos que inflar estas cosas para usarlas.

Deportes

Podemos hacer muchos deportes en la playa y en el mar.

navegar en la arena

hacer surf con vela

16

hacer surf

navegar

17

En la arena

Puedes usar estos juguetes en la arena.

¿Has hecho algún castillo de arena?

Plantas

Las algas son plantas que
crecen en el agua
salada del mar.

Esta flores y hierbas crecen en la arena.

21

Recuerdos

A veces compramos recuerdos de nuestras vacaciones junto al mar.

También
tomamos fotos
de recuerdo.

Glosario

careta nos ponemos una careta para ver cuando nadamos debajo del agua

marino que vive en el mar

playa tierra al lado del mar

proteger cuidar de los peligros

tubo puedes respirar por un tubo cuando tu cabeza está debajo del agua

Índice